Conrad K. Butler

Compter avec les Animaux

1

Un petit caneton nage dans l'étang, tout seul, mais bien content.

2

Deux chevaux galopent dans les prés, courent ensemble à toute allure.

3

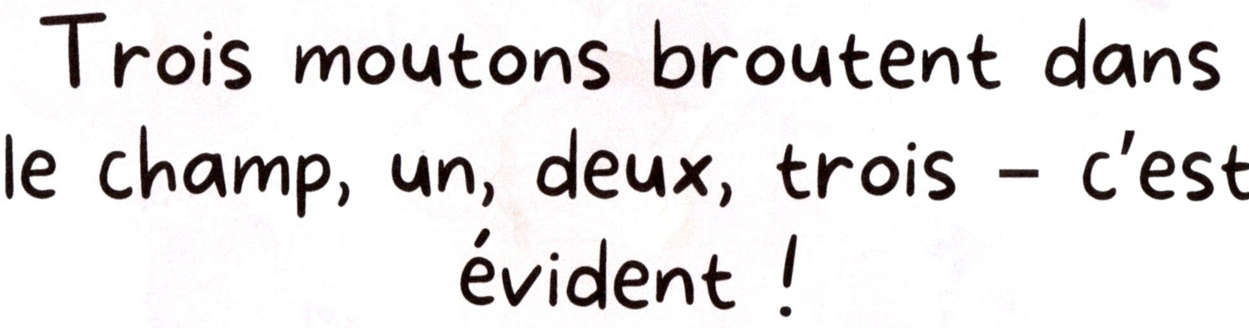

Trois moutons broutent dans le champ, un, deux, trois – c'est évident !

4

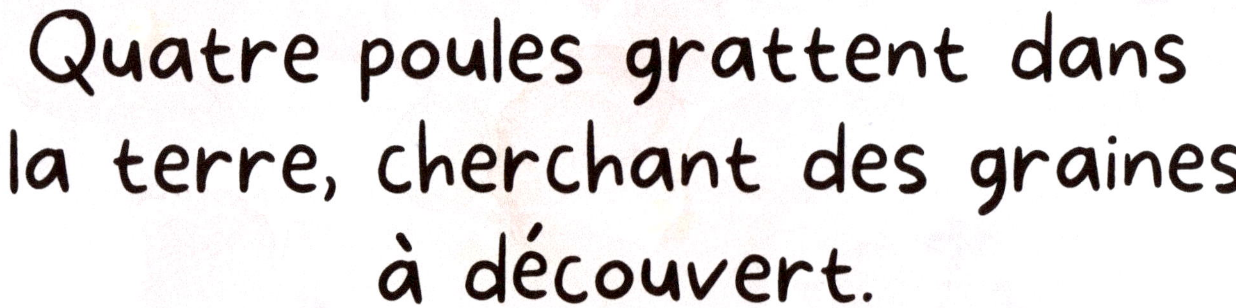

Quatre poules grattent dans la terre, cherchant des graines à découvert.

Cinq cochonnets roulent dans la boue, chacun heureux comme un petit fou.

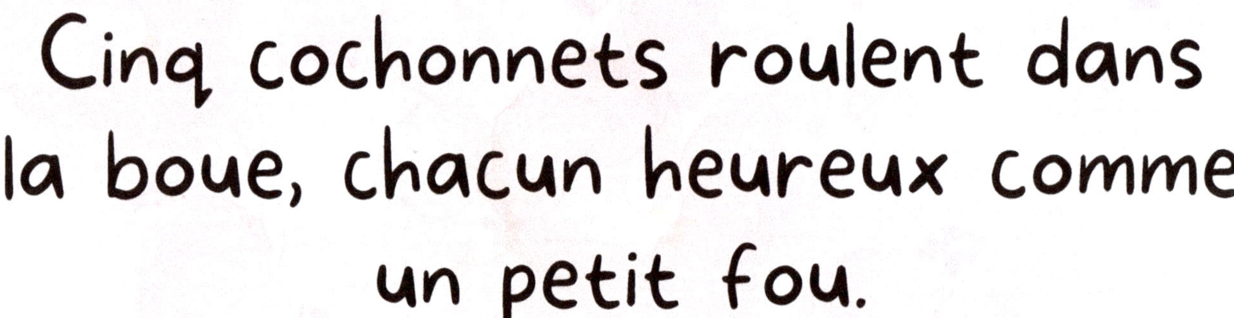

6

Six lapins bondissent sur la pelouse, de l'aube au crépuscule, sans pause.

Sept abeilles bourdonnent près des fleurs, récoltant du nectar pendant des heures.

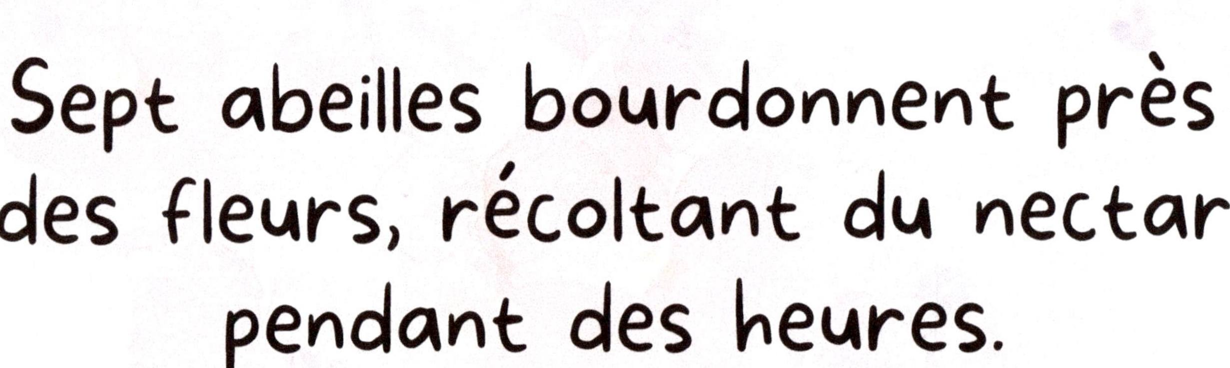

Huit grenouilles assises près
de l'étang, coassant et sautant
ici et là.

9

Neuf poussins suivent leur mère, tous en ligne, sans autre repère.

10

Dix oiseaux volent dans le ciel, s'envolent haut en nous faisant leurs adieux.

vérifiez également :

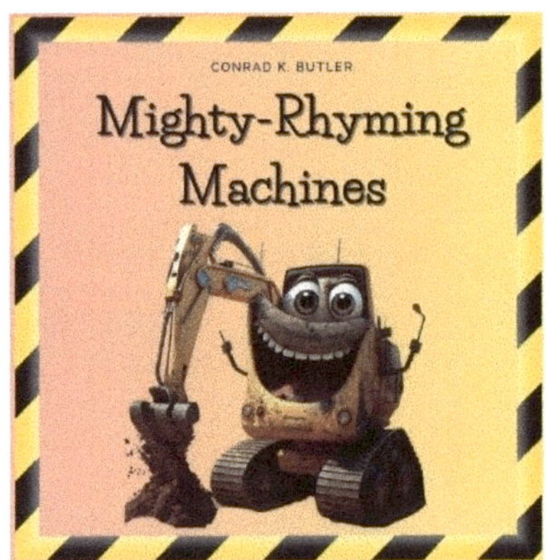

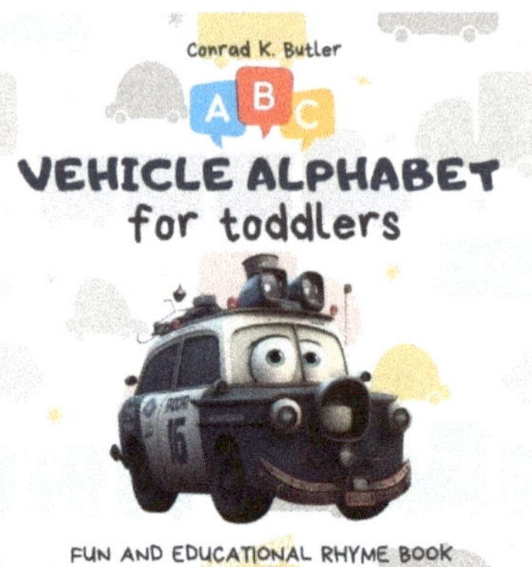

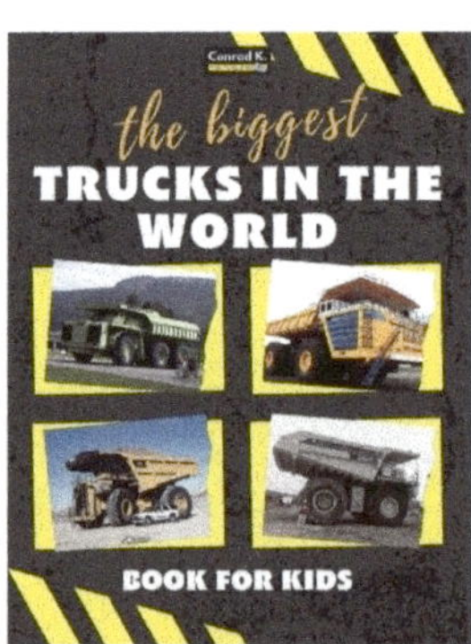

et beaucoup plus!

 /conradpublishing